torsten anspach **atemballett** gedichte

torsten anspach

atemballett

———————————

1o1 gedichte
(1988–2o14)

nebst fünf miniaturen
mit einer einband-grafik
von DEKERN.

edition perlmutt

Bibliografische Information der Deutschen Nationalbibliothek:
Die Deutsche Nationalbibliothek verzeichnet diese Publikation
in der Deutschen Nationalbibliografie; detaillierte bibliografische
Daten sind im Internet über dnb.dnb.de abrutbar.

Satz, Umschlaggestaltung und Verlag: BoD · Books
on Demand GmbH, In de Tarpen 42, 22848 Norderstedt
Druck: Libri Plureos GmbH, Friedensallee 273,
22763 Hamburg

ISBN: 978-3-7583-5125-9

DU WIRST DEN ORT ERKENNEN
für die übrigen bleibt er verborgen
ich werde deinen namen nennen
ohne   ein   einziges   wort

FURNIERT WIE MÜNDER

WEISSE NÄCHTE

bahnhöfe waren mitunter beharrlich
so entkam man im schutze gleißender
züge dieser unsäglich gläsernen zeit

es fand sich wenig in unseren taschen
das uns hätte einander verraten können
einmal warst du einmal war ich zu früh

bahnsteige freilich zählten wir später
auf denen wir grußlos den schienen
entsagten ohne zu wissen warum

FARBEN

er mochte die frischen farben
dieses gallige gelb
ihrer gesten das verletzte
grün in ihrem blick

erst im gang ein wehrhaftes
blau oder war es türkis
das auf zuneigung pfiff

wollte da nicht dieses weiß
aufscheinen er ginge
fast mutlos an ihr
vorüber

RAND. NOTIZ

süß nur der regen. kurz darauf bittere
sonnen. changierendes universum.
uns hautverwandt. wo lagst du
als meine hand nicht mehr rief

wem trautest du über den steg
als die brücken wehten wem
als blut mir aus den zeilen troff
wer wusch da das dunkel

von deiner scham? all dies schwieg
ich dir. ins blaue. bis auf die knochen
nass. bis es hymnen hagelte. aufs wetter.
dein name war schließlich geduldig.

SCHÖNER WOHNEN

der mann hatte sich eingerichtet
in deiner haut. er zog es vor
möbliert zu lieben.

wohl suchte er lorbeer
in deinen höhlen.
erntete dein achselhaar.

furniert wie münder hier sangen
so brüchig krakeelten auch
paradiese.

SO NACKT

du warst schon früh dem meer
versprochen – bächen flüssen
auch teichen und seen

man musste dich zum wasser
tragen – so nackt wurdest du
zuvor nie gesehn

LICHT SCHWAPPT ÜBER DEINE SCHULTER
flutet benommen brüste und scham
doch haftet ihm verdammnis an
wie süßes klebriges gift

atem atmet atem: innig verschlungen
röcheln lungen – der arg bewohnt bereits
die laken – halb wach heißt hier schon
halb verraten

als könnten wir auf nähe zählen
die unberührt noch vor uns
liegt lügen wir fahl das weiche
vom himmel bis der sich hart krümmt

NUR HAARLÄNGEN SPÄTER bist du
wie ausgewechselt, siehst mich
mit anderen fingern an.

wer von uns glaubte dem eigenen
puls, traute den koordinaten?

noch einmal lassen wir blicke
weiden, dann kämmst du
die nacht aus dem fell.

RAUPEN. AUGUST

terrassenmüde saß ich blickdicht im grünen
schierem treiben essenz abzuringen
die doppelhelix in zweifel getaucht

raupenaugust war endlich ein wort
für das keine gebühr zu entrichten war
VORSICHT, DICHTER GEFÄHRDET IHRE GESUNDHEIT!

kritzelte ich schnell noch bissig ans tor
nicht einmal regen schützte mich hier
vor ungebetenem besuch

(biestow, sommer 2o14)

ZWISCHEN DEN ZEHEN

als sei er dem tag abhanden gekommen
triebe sein geist nur in nächtlichen schwaden

so irrlichternd glitt er verlor seine spur

du aber hattest tau an den füßen
trugst einen morgen zwischen den zehen

SCHWEIGEHAUT. UFERSCHEU

wir haben das kindliche segel
längst aus den silben gestrichen
zäh gilben uns worte die orte
änderten sprache und klang

schon glasiert ein schweigen
das frühe fragile staunen
nur selten aufbricht
die gentile haut

wir haben nun das plasma
erkoren zum trüben blau unsrer
melancholie doch lässt sich kaum ein
schmerzboot stunden

FLUCHT. VERSUCH

zu trüben lachen trugen wir tücher
pfiffen auf kompass und karten
drei tage wetter verhießen

ruhige see

auf seidenen schiffen entkamen wir
zweifeln fürs erste fürs zweite
fürs dritte uns selbst

WEM DIE FEDER SCHWILLT

DAS LIPPENSCHIFF

(Jan Garbarek zugeeignet)

die scheuen gesalbten
luziden gesänge zeichnen den atem
ins essigblond zarter und greiser
verkarsteter kehlen

sanft, freund
führst du des meißels klang
in die anmut der bilder
aus stille

schon schenken wir
lippen schäumende segel
proben das gleiten das weiten
der münder empfangen die lunge des alls

DIE OBSKURE GEFÄHRDUNG DES KLANGS

schon das reiflicht des morgens

ein hindernis. bizarres säumen der partituren
innerer balance. so dich die frühe reut, denkbar
wär fenstergang, adrenalinkür: blech schmiegt
an blech sich, stickoxide beleben körper und geist.

der rußnächte laken ausdünsten den traumflaum –
wer sollte sie sichern vor promptem verwaisen?
dem röcheln der spülung folgt die perfekte rasur.
perfektes ZENsieren (des „besten im mann"):

noch die kontur der nuance fällt dem diopter präzise
zum opfer. schon siegt auswärtiges schleißen:
pirouetten im nadelstreif – dies sucht
zu fliehen die knospe berührung, welch

ein vergeuden von nachhall.

BODEN. HAFTUNG

wem die feder schwillt: ist den flügeln
längst bekannt. mag sein man wähnt
sich gebunden. an erden schwere.
an gravitation.

was denkst du ließe uns leichter
rippen aus sohlen kippen
von allen guten kleistern
verlassen?

wem die ferne sprießt: flieht gern
auch sich selbst. mag man spüren
was uns bändigt. was uns leimt.
am ende vielleicht ausspeit.

BIERMÜDER IMBISSMORGEN

mit verwaisten gebilligten buden
grußkarten in provinzflucht
optik unfrankiert

kinder querilla mit gameboy
pinkschirm als superkanone
allemann tot summton
game over

warnstreik motiv mit lehrertorso
hütchentricks im u–bahn–schacht
vereintes stadtreich trotzt
verregnetem frieden

(berlin, 25. märz 1992)

DIE TAPETEN DES SÜDENS
(vom endlosen branden der gischt)

grundstücke täuschten die fremde vor
vermochten reise und flug zu ersetzen:

manche schöpften das meer aus brunnen
träufelten kies ansehnlich zum strand
ein fernweh fürs standbein war schnell
gefunden das mediterrane lag hoch im kurs

in streng quadratischen gärten hochglanz
oliven statt rheuma in beeten baumärkte
boten tapeten fürs zahlende sitzfleisch
in interaktiven trendaromen

:vor palmen und sanden strandeten
boote wie trächtige flüchtlingsschäume

LAND. FLUCHT

kornmahd färbte den nachmittag
die luft ging schwanger mit aromen
von pflanze und massentier

abseits gezeichneter wege
entkamen die ahnen
dem gilben mark der jahre

geduckte häuser verwundete
katen reckten knöcherne
finger nach mir

DER STAUB DER FELDER legte sich
auf mein schweigen. belebende stille
umfing mir die stirn. in flimmernder ferne
ruhende wälder abstreifte ich endlich

den urbanen zwirn. im auge ein rauschen:
das tanzende korn. leichtfüßig die grillen
hochnäsig der sporn. abfiel mir das bittre
wich jeglicher zorn.

der staub der felder hinterließ eine garbe
aus fragen. wer wird erhellen die äcker
die flur? wer wird es wagen das mondlicht
zu tragen ein einziges schüchternes male nur?

ATEMÜBUNG. NAHDISTANZ
(latente anweisung: morendo)

ich stemme die schamvokabel. erst recht
von somnambulen zungen. dein klammes
ohr obduziert mir die innere schrift.
ich breche ein du aus poröser nacht.

du ahntest. ich zünde im turnus
die mondgleiche feder. reihe verhallende
sätze. so schütter glimmt deine laudatiogier
die randgeduld mir ans gestirn.

du schiltst mein flüsterlicht
der einfachheit halber vergeudung.
ich nenne zum beispiel die vorlauten
bleche schlicht blutzoll sprich platin
ersatz.

dich kümmert nicht metallurgisches
seufzen. empfiehlst kompostierbares illuminat.
obendrein stilvoll damit keiner züngelt. sagst etwas
wie wonderbra...

...seifen. oper. feuilleton. etwa dramentuilelle?
etwa rampendotter? der bühnen grindigstes
ejakulat? dann schon lieber körpervokale.
atemlockerung. morphine gymnastik. wems nicht hellt
entfache umdunkelt den ritus: die klinge das blei.

OKULARE SPIEGEL

(dem gedächtnis Gregory Batesons)

entsage dem wunsche
retina: und höre der stare
farbe flug
melodie
    heiße uns schmecken
    der fluchten gefiedertes
    lied erahne die töne
    der nachspur
        nun erst gewähr uns taktiles
        erschauen befragen
        des duplum der kontrapunkte
        gesicht:
das atmen die lunge
der göttin des gotts

MOJITO

hier stürzte der teufel
schon seinen mojito.
popen trieben die hexen

zum tanz. brachten
den samen zur
krume zum kind.

sattelt die besen. wieder
und wieder. nagelt ihr
fleisch an die gottlose nacht!

DIE MUHSI SPUILT

(motto: leipziger allerlei. oder: sind wir das volk?)

besoffen geflaggtes jammertal
umschwung getesteter gondelmut
blond geschäumtes urreinstes bier
silbengebremste stammelwut

fastfood getütet nahrhaftiges treiben
rummel tummliger taumel der meute
atlantisch gebräunte festtagsbraten
arrogant verordnete rundherumfreude

erst plaste elaste nun scheinparadiese
freiheitlich völkische blasmusik
geisterbahnmüde kinder des frühlings
notgeil begrabene republik

(1990)

SCHMINKE. PARADEN

heckenschützen / spendieren kugeleis /
fluchtversuche / sind zahlbar in raten /
den angstschweiß / nimm gratis / als
markt / kompatible kinder / ration /
die anleitung selbst / verheißt

keinen / spielzwang / ziehe ein
widerwort / gehe ein feld zurück /
hier nun kontaminier / die konserven /
versprich deine reinheit / der agentur /
das verschafft vorsprung / verheißt

freien zugang / zum zwiebackfernen parcours /
nun eile / zum endsieg / der pflicht / argumente /
plane penibel / das attentat / schmink
die paraden / die parikurse / sei pope / sei pop
corn / rück die figuren.

SO HANDGREIFLICH DEINE WORTE
auch waren hoffnung schwelt
gern an trauten namen

wir sollten die häuser der klage
verlassen ohne die orte
selbst zu fliehn

abschwöre am ende den wassern
der taufe runen gesichtern
was nötig ist

KLAUSNERS ORT

erster hahnenschrei. wiederum stille.
dazwischen welt in allen tönen farben.

inneres versmaß. option auf vielklang.
hin und wieder außengang.

die folge der früchte. dazwischen
stille. alsbald ein letzter hahnenschrei.

SAND

vielleicht war die antwort
schon in der frage
enthalten wie das gehen
längst im denken hockte

irgendwann würde man
bis sieben zählen
sein päckchen schnüren
samt sanduhr verschwinden

AM SCHORF DER GÄRTEN

_____

NUN ALSO KIRSCHENMOND
einfall der stare.
firnisklang. insektenfront.
hier scharmützelt ein sommer.
gedunsen dem herbst entgegen.

nun also stein u. frucht.
anmut der fäulnis.
lakentanz u. völlerei.
hier spreizt sich verjüngung.
lodert dem verfall entgegen.

HEITERE BRÜCKEN WOLLEN VERSENKT SEIN
in der verzweiflung ein gangbarer weg
den du nicht scheutest penibel zu gehn.

die löchrige glocke des tauchers zu läuten
entblößte den klang der verleugnung
das wasser in den lungen gab sicherheit

zurück. so triebst du als sprengsatz
in den wogen dem fluss zu geben
woran das herz noch hing.

rette sich rette dich also wer kann
bevor uns trümmer um die ohren
sinken dass es strudel wie blüten treibt.

NUR LIMONEN, CANDIDA

unterm lidstrich aprikosen?
als späte verspielte nahkampf variante
samtpfötig getragen zur tarnung?
dies wäre nur allzu manierlich
hieße ich dich von klippen zu nippen.

ferneren ortes dann amoklauf.
die befürchteten detonationen.
(surrogate verhinderter kopulation.)
geliert dein make up
gar aus anderem grund?

nicht zu vergessen der heckenschutz.
zitate. tinkturen. obgleich deiner
kryptischen zunge vertraut
ein balsam den lichtscheuen
lippen?

wie dem auch scheint, candida
(wer will schon das kind seines
klarnamens zeihen) antrug
ich der fehlfrucht den mond
feuchten mund.

DIE ZÄHMUNG DES LICHTS

fast hatten wir das licht / gezähmt /
auf unseren lichtbalkonen /
salbten mit ihm / die lichte stirn /
unter lichterkronen. / wir zählten

es täglich / in stillen schalen /
in lauten pokalen / in lichtloser
flur. / zumal in palästen / glühten
vitrinen / harrten die schatten /

auf gläsernen schienen. /
doch scheuten wir das licht /
zu senden / das dunkel /
zu wenden: / licht zu *sein*

SIE WERDEN INS AMORPHE GLEITEN
gläsern werden formbar sein
sich lustvoll in die welt
ergießen

sie pfeifen auf viskosegrade
keine starre kann sie schrecken
wissen nichts von silikaten
wenig von säuren und sanden

sie werden ins amorphe sinken
glasig werden vogel frei
sich zur lähmung hin
verjüngen

DER IRIS JÄHER GLANZ
(ein nachruf in zwei schritten)

1

o gäb es den ruf der entsagung nicht
(in deinem blick die mysterien der welt)
es wollte den träumen entrissen sein!

2

o gäb es den tod der verheißung nicht
(türkis und azur auf kupfer folgt gold)
ich bräch es von südlichen himmeln!

SUBMARIN

lass mich in deine farben
tauchen in deine herben
nebel ziehn lass mich
in deinen tiefen sterben
hab in dir das all gesehn

VERJÜNGUNG

(vom anhalten der zeit)

zwischen gleißenden schenkeln pupillen
sich weiten an fauchend sich paarendem
fleisch. saum an saum zerinnen sie

(zelle um zelle zerfließend).

wo eben noch schwerkraft an trieben
hing dünstet nun schiere ekstase
hallen für jahre himmel nach.

DER CODE UNSERER HAUT

werden wir wider und wider hallen
werden wir diesem himmel traun
wird unser flug ein einsamer
bleiben?

werden die dünstungen unserer scham
einst in fremden nebeln wallen
werden wir uns am gefieder
entzwein?

IN DEN ADERN AUGUST

ein gut gekleideter abend
war dir am ende mehr
haut wert natürlich
musste die stunde
zärtlich mit ohren
umgehen können
bis die reife nacht
sich bäumend in ein
dämmerndes rosa ergoss

VOM RAUSCHEN DER SALZE

mond um mond spült dein bukett in die gemarkung
brandet mir in den fasern schäumt bis hin zur brust
unbeirrbar wie ein rauschen
                           in seinem unaufhörlichen weiß.
beharrlich grub sich dein salz in meine jahre woge
für woge in innere dünen schneidend beständig
wie gezeiten ebenso fatal.

DIE JAHRE ABER FLOHEN INS PASTELL
der entfremdung. so gab es nichts das noch
getan werden konnte. es sei denn man wollte
einander verraten man wollte einander
verzeihn. wir aber sahen uns weithin wund
am schorf verlorener gärten.

INNERER SAND

STILLLEBEN MIT DOSE

des abendflügels perlmutt glanz
mit seidenen fingern abtreibt er
den tag und mit ihm unsägliches

kreißen des atems von fiebriger not.
der grindigen flüsse undinische gräber
versinken im schoße des ultramarins.
kein farbenspiel aufhält die flut

der bilder geschehen ahnbaren giftes.
des heidnischen kellers gewölbte kühle
umdunkelt der krüge blechernen durst.

BIEGEN UND BRECHEN

(ein abgesang)

es formt sich fern der feier
krümmt auge ohr und gang
den bruststein lässt es schwellen
treibt wehr und wall voran

es türmt dem arg die zweifel
leimt zinnen in die nacht
das felsblut lässt es rinnen
formiert lautlos die schlacht

DIE FURCHT DES FLEISCHES

(vom sehnen der sehnen)

I

gedanken wie türgriffe. ein heimliches
greifen in traute verbotene räume.

ferne immerfort duftende zimmer
angefüllt mit muskeln und sehnen.

schamrote möbel zur fleischlichen
zierde stehen spalier im schlick

der begierde.

II

sich zu verleugnen sei ein frühes gift
raunte wer bügelfrei in den tag

der es von amts wegen wissen wollte.
ein trübes drängen in die gedärme

ein falsches spiel sei hier zu beklagen.
wozu also pass und kontrollen fürchten

warum so tun als ob.

AUF SCHMALEN DÜNEN

Das Schweigen ist ein kleiner Tod (Werner Karma).

du trägst die frühen narben im blut
fliehst die gestohlenen jahre
du trägst unterm lid die zerrissene nacht

du trägst die zerschlissene liebe im haar
flanierst auf tönernen füßen
du trägst unterm lid das geschundene kind

du trägst die verrenkung der nächte im kleid
stolzierst auf schmalen dünen
du trägst unterm lid den verlorenen strand

SCHATTEN. RISSE

deine januswangen
deine zwillingshaut
deine spaltende angst

deine uferlippen
deine schilfpupillen
dein reetbedecktes herz

deine unkenlunge
dein amphibienblut
dein wechselwarmer geist

DEIN GARTEN

wer brach
die pforte
drang dir
in den sommer!

wer flocht
deine gräser
band blüten
dem herbst?

DIE ZÄUNE DER HÄUSER

(oder: die mission des schmerzes)

für Walter Köster

du bist mit der fackel des fiebers im bunde
doch nicht allein feuer reisender gene.

du trägst es seit zeiten von ahne zu ahne
bist bote der waage bist diener der schalen
bist vielleicht hüter gar der balance.

du schnürst um die zäune der glimmenden

häuser bist stimme des flammenden mondes.
ach bruder wer schaut deine hüllen wer deine
masken wer traut deinen liedern deinen geschichten!

so finster dein brandmal so dunkel dein brennen
wir werden dich grüßen dich lieben dich kennen?

INNERER SAND

wir hätten deinen geruch besser
nicht den advokaten überlassen.
wer wenn nicht du brannte
die spuren des zweifels
in des trugbildes inneren sand.

wir hätten deine fährte besser
dem nebel vermacht.
wer wenn nicht du weckte
die hoffnung die nacht sei ein morgen
die umnachtung längst ein tag.

wir hätten deine verse besser
an die liebenden verschenkt.
wer wenn nicht du hätte uns
wachs gießen und zünden solln
wider die feigheit das schweigen die flucht.

ROUSSEAUS HIRN

(den freunden adultistischer momente)

für Ekkehard von Braunmühl

so kehlkopfmüde sind die hände
mir gebunden: fingergarben
ins moll getuscht.

erbittet die stirn sich spagatscheue
stunden flicht sie dem mundlicht
die jalousie.

trinkt die stunde
aus aquarellen gilt es
zu dürren den grund.

kinder der farben zeichnet
die peitsche: malt striemen zeigt
schwielen malt zucker und brot!

TEXT. ANWEISUNG

(den offerten des lichten geschmacks)

du nennst mich pathetisch. ich parliere die wimper
wär aufgeklebt. sei lustig sei spaßig schreib doch
satirisch! verstehe. dressurhuhn?
(mit lüsternem könnt ich behilflich sein.)
du hättest es gerne gelockt und gelockert
vielleicht ein schuss cooler. john wayne wohl
mit basecap? kapiere.
du fröhnst dem purismus. ich brächte dir
purpur. ritte längst die honigyacht.
(du aber sattelst das obdachlos).
es verlangt dich nach halmen
(ich wär ganz ponton).
du vermisst die insignien der liebe.
ich nenne zerklüftet dies trugbild zerrüttung
wallfahre gern: gen zirrhosien.
du wünschst schlanken atem. ein glas
reinen weines. dir bin ich so nebeltreu
schweigsam.
(schon propagier ich das wort
frohe jahr!)
wo bliebe der horizont zwischen den zeilen
ich kreiste um ausgetanzte mitten.
du sagst jetzt mir fehle die strenge
(ich reichte nur zuckerbrot).
dich befällt unmut. forderst nun versmaß.
schwelgst: formensprache komposition!
schreist. na wo bleibt denn der ruhm?
gemach. flüstre ich. der kommt. postum.

RUHM

als ich die narren vor den karren schrieb
kürten sie mich zur tröte der ketzer

als ich das toupet in die suppe warf
fragten sie wo mein gewissen sei

als ich es wagte die federn zu lesen
verschlang mich ein applaudierender mob

AUF HÖLZERNEN WEGEN

DEIN MUND   FORMT HÄUFIG FREMDE WORTE.
sie treiben stromabwärts. du spürst sie kaum. im sog
des   dunkeln ist gut munkeln? die spiegelungen
halt im zaum! du flutest gern: auch eigene orte.
DU TRÄGST   EIN MANTRA   VOR SILBRIGEM SCHAUM.

PASSAGE

in breitengraden überwiegender bewölkung
erkennst du die zyniker. an der sonnenuhr
vorm haus.

halb verlieren sich die grimassen
der melancholiker. im panoptikum
der stadt. begreife die fassade.
und nenne sie zärtlich beim namen.

passive passanten passieren passagen.
in den nischen nihilisten nisten.
wartend auf den jüngsten tag.

hungrig hetzt die herde. zum geseiften
trog der verheißung. unter zerriebenen
sohlen spürst du den trottoir. der stillen
unterwerfung.

in breitengraden überwiegender bewölkung
erkennst du die hoffenden. an der sonnenuhr
vorm haus.

WOCHENENDE IN LEIPZIG

auf einem parkplatz in angercrottendorf
träumt ein überseekoffer er sei fahrbereit
qua kinderwagenrädern samt anhänger
kupplung für wolgas und andere cadillacs

der fallensteller steht in der tür des baufälligen
gartenlokals zunächst trägt er freundliche augen
im trappergesicht sein koffer (entliehen babels
berger kulissen) wird nicht leichter mit den jahren

mit all den fellen im rausch gemetzelter lämmer
mit all dem blues zwischen rostigen beschlägen
hier huldigt man kannibalen gespießtes fleisch
bleibt bis zum schichtwechsel roh an bierlachen

tischen samt feurigen wassern ersäuft so manche
wut der mann aus den wäldern öffnet den sarg
jemand fragt wo er sei die marode wirtschaft
wittert morgenluft: o texas nebraska o california

AM HERD DIE HERDEN

o beautiful morning dein ei köpfen wir
ungenormt. und den wolln wir kürn
der kaffee ersatz noch purpurn
speit. hoch steht sonne.

gary cooper kommt in die schweigende stadt.
die kartoffeln sind fleckig die deutschen
rouladen gut verschnürt. der koch
im tv rührt fertigsuppen.

am nachmittag gibts liebesknochen.
zuweilen nippen wir am tee. wer fickt wen.
wir servieren das nachtmahl
zu beliebiger stunde.

(ilmenau, februar 1989)

ZENIT

sie waren zum rand ihres muskels
gedrungen zum scheitel
des schmerzes von faser und flaum

andachten brachten das blei
in den schritten bis dahin
fühlbar auf trab

schon hielten sie falsche gipfel
umschlungen gaben vom leibe
nun finger und zeh

(horst/möllenbeck, 13. juni 2o14)

FAST HATTE MAN SICH EINGERICHTET

wunder gabs. nur in grellen schüben.
auf simsen nistete die nacht.
das zimmergrün trotzte
beharrlich den frösten.

etwas hing. am seidenen faden.
im zweifelsfall die leichtigkeit.
in ihrer schelmisch schimmernden
schwere.

man hatte sich. fast eingerichtet.
das übel köchelte vor sich hin.
im fieber brach man wortlos
das schweigen.

AUSFAHRT
(heimkehr auf raten)

was in bedrängnis wurzelt
gräbt sich auch ins freie
entblößt das geschlecht
zum lichte hin

es nährt das geflecht
das es verleugnet
bis es durch knospen
zur blüte strebt

KAUM DASS MAN SICH SPÜRTE
kaum dass man noch sprach
kaum sah man sich zweifeln

kaum dass man sich traute
kaum dass man noch blieb
kaum sah man sich gehen

kaum dass man sich wehrte
kaum dass man noch litt
kaum sah man sich welken

SPIEL UND VERDERBEN

wie groß auch der kreis
in dem man sich drehte
flurschäden sollbruch
wohin die hand reicht

unterm make up halb
gare idyllen: wonne
beet dem trüben blick

landschaften im push up
modus beautyqueen auf
crystal meth wer will da
schon das spiel verderben

WAIDMANNS HEIL

rüde rammt sich dein schmerz
in junges fleisch, ein dunkler
mond bewacht das kind.

du häutest seelen, leugnest
den tag; wie lange noch,
glaubst du, schweigt der wind?

INVENTAR. LAUTLOS

1

ein ausgeblichener name das fremde gesicht
im pass. was mein freund ließe sich damit
nicht alles erreichen! mit nem schuss galle
im blick fände sich bald ein noch bitterer
ort nebst grind für mäandernde klagen.

2

wenn irrlichter schließlich bollwerken glichen
– einst wahnidee dann stillstarres inventar –
was bräuchte man hier um höflich zu bleiben?
(längst gälte freiheit als begriff ohne inhalt.)

3

träf es die tempel der ignoranz schrillten
hier massaker? würden dann räume von
phallischem unheil befreit? irgendwer
müsste den kreis um uns ziehn: komm
endlich ins offene, feind!

DIE LUST DER GAZETTEN

als ich sand zwischen den zähnen
trug glaubten sie ich sei der täufer

als ich mir eine rippe schälte
wussten sie adam ist zurück
als ich not amused war
hielten sie mich für die queen

als ich mir in die hosen machte
glaubten sie an meine unschuld
als ich kronprinz nebst gattin erschoss
schrieben sie mein name sei klaus

als ich meine vorhaut heiligsprach
feierten sie die ankunft des herrn

ZEITUNGSLATEIN
(oder: deadlines for headlines)

kammerjagd mit platzpatronen
billigflug im urlaubsfrust
fallobstbrei nach zahnverlust

witwentrost mit gürtelrose
jungfernblut im sprachsalat
leistenbruch nach hirnspagat

kammerstück mit katzenjammer
krokodil im bockwurstdarm
hitzefrei nach smogalarm

VERNISSAGE

zig blasierte zwangskostüme krümmen sich
vor lust an gerahmtem ross samt reiter.
dort hüpfen sie hier schwelgen sie in eitrigen
allüren: genügen sich ganz von selbst.

(in solchen paralleltheatern ist heute nicht
gut nase tragen: ein rümpfen will schließlich
gelernt sein. deutungshoheit ist auch nur ein wort
mit verfallsdatum. lasst also die kirche im dorf.)

den lärm im raum nur mühsam wehrend
befällt dich missmut würgt dich scham:
wie kinder im bonbonabteil kreischen
sie nässen ungeniert ein.

AUF HÖLZERNEN WEGEN

Und entkräftet zerfließen sie schließlich
auf staubigen Schwellen und spüren es nicht
(Thomas Böhme).

am lokus des flusses wo gläserne hütten
zu türmen sich blähten in fäulnisprozessen
probt die elite bankrott und verfall

wer sein erbrechen vom munde absparte
trug biegsame körper gestaltlos zu markte
den fetisch zu mästen ganz ohne dekret

gedünnte luft ätzte raster in hirne
einäugig trieb man die sauen durchs dorf
feiert den morgen auf hölzernen wegen

DER STUNDE ANTHRAZIT

─────────────

KLAGE

kaum pflückten wir mai
in hölzerne körbe
schnitten den juni vom beet
schon trug man den sommer
aus fruchtmüden gärten

DAS FLÜGELMAL

sie hauchte den pfad dir ins schlundhirn
dein efeumund kannte den dickichtblick
nannte sie eine beherzte agentin.

sie zehrte von salzigem lippentau
du nährtest dich an gestirntem
steiß. zitternd besang sie dein

flügelmal. zum trost trug als kleid sie kokon.

in süßer umarmung lieblichen abgrunds
wähntest du dich als pyrrhus geborgen.
sie entkam der versuchung sie nippte

am fluchtsaft. empfahl dir als streif
chance enthüllung. sie gab
deiner farbe den namen.

WIE HÄTTE ICH DEINEN SCHATTEN
AUCH WIEGEN SOLLEN

die zeichen waren vielleicht
knapp bemessen. meine fragen
:sie krankten an magersucht.
fünf finger allein ergeben

noch keine helfende hand.
du schienst dies zu ahnen
:zu wissen. seit du gingst steht
am himmel nur ein halber mond.

DER GARTEN? DIE SAAT?

wer dachte die inneren beete zu kennen
die kämpfe die kriege all ihre massaker?
wer glaubte die kraft der verheerung
zu stemmen gegen die ohnmacht

von fleisch und frucht?

wer witterte hier den verrat der fäulnis
misstraute den samen den erden?
wem schwillt nun als dank
dies verrotten entgegen?

GERÜCKTER SPIEGEL

man setzte sich zur wehr. stieß
den einschlag jäh ins vergessen.
dies sollte den schmerz
erst einmal lindern.

die organe rebellierten. sie wussten
sich eins mit dem krater. risse
durchzogen die umgebung
von iris und pupillen.

hier und da erlosch das licht.
tonlos wuchs uns fremde haut.
so blieb kaum die zeit das orakel
in zahlung zu geben.

DIE LÜGEN DER STERNE

nacht klebte wie pech am himmel. die antwort
war ein schwarzes loch. dabei sollte es romantisch
werden: spaziergang unterm firmament. doch über
uns logen die sterne dass sich das universum bog

(die wenigsten von ihnen hingen noch an ihrem platz).
wir wussten dies durchaus zu schätzen: ein zuviel
an wahrheit hat noch jedem geschadet. diese bekiffte
galaxie schwante dir führt uns spielend hinters licht.

wir hatten dem gefunkel längst verziehen als der schein
risse bekam die kaum mehr zu kitten waren. und so ätzten
auch wir uns das glück in die taschen mit billigen schwüren
aus groschenromanen: geliebte ich hol dir die sterne wer weiß woher.

SPERRGEBIET

(duett mit sirene)

als wir ineinander wuchsen
trankst du aus meinem leib
den schmerz
ich stieg hinab in dunkle venen
geschunden vielleicht
wie dein sterz
wer sollte hier den morgen salben
mochte hier der liebe traun
furcht und argwohn
allenthalben das beben
rieb sich wund im zaum

STUNDENGLAS MIT GÖTTIN

vulkan trifft vulva. war dies schon die griffigste formel
als du den kleidern fern von trance entstiegst?
(das diskrete sekret meiner fingergeilen sinne
formte da längst lendenflügel.)

welch schlund o göttin herrin der lava!
wirst adern mir schäumen pole
drehn. sturzbäche rufen fiebrige seen...

untiefen die niemand durchfrorener hätte beschwören
können. duhu nur du! (begann das fingerglied zu stöhnen.)
wer sollte solch latenz befrieden? die göttin wechselte
münze und schein.

KATZENGOLD

wenn dein herz in fieberhaft
den blick verengt
wenn dein flammen
beinah keine grenzen kennt

wenn dein zorn von jetzt auf gleich
das land versengt
und dein quell sich allzu schnell
dem sande schenkt

wenn sich schmerz
wie angeborn in dir verliert
wenn der himmel schon so nah
am leib gefriert

wenn dein fluss
wie aus dem nichts
das bett verlässt und sein gold
nun plötzlich das der katzen ist

DEINE FENSTER SIND VERHANGEN
dich drängt keine sonne mehr
frisch gestärkt sind deine linnen
erhellen nun den raum

niemand zählt mit dir die fliegen
schön und bleich im reihenhaus
treibst du zwischen rosenblüten
licht steigt in dir auf

BURGENLAND
(für Ruediger Dahlke)

an den wehren nisten flechten
jahre krochen in den stein
über zinnen türmt sich himmel

hinterm harnisch deine sehnsucht
steinern weht ein wunder mond
müde siechen horizonte

in den säften hockt noch trauer
rippen rotten unterm fell
in den kerkern karzinome

DER STUNDE ANTHRAZIT

ein greiser mond klebt selten
am ohr, wer mochte sich da
entzünden?

wer wollte den wäldern das dunkel
verdrießen, lichtvergessen
wie hölzer sind!

so matt jetzt sonne an fersen
hing, wer mochte da unken
in anthrazit?

SKAPHANDER SKULPTUREN

———————————

DROHENDE BLEICHE

junimilch säuerte das märzbrot die zeichen
blieben aus wie seit tagen der postwurf dessen
ich weiterhin röstfrisch gedachte vorüberkähne
blieben antworten schuldig sanft strich der regen

die flusshaut gebar eine musterlasur

mit schweren aromen ein seltsamer trost
ob der drohenden bleiche zum beispiel des schilfes
war das türkis meiner sehnsucht so nebelgrün
trieb ich im morgenboot

NOCH WÖLBTE SICH SOMMER
wie trocknes geflecht —
man wagt sich in gräser
so weit der zaun reicht.

botanischer handstreich
:olfaktorisches hören
:ballett der phobien
allergie und opferkult.

noch wölbte sich sommer
wie trocknes latein —
dem man sich schließlich
kampflos ergab.

KREUZ FAHRT. PLASMA FLUCHT

1

mit der lende des cremecoupés windstreifst
du das blumenkreuz: erotische tode
am fahrbahnrand

auch spürst du nun den rausch
des piloten: schwellende pedale
auf blondem asphalt

2

nicht dass du nicht ahntest welch abgründe
kind du bliebst: wes liebende schelte
dich noch immer schier an pisten schmiegt

wohl spürst du im innern die rinde der schwärzung
die erdigen küsse: entblößung; schon nennst du
dich wieder den jünger von phallischem verdruss

MAN SPRACH NUR NOCH LEISE
in diesen tagen entschuppte
verschwiegen die zweite haut
probierte das dritte das vierte

gesicht. ob die konserven reichen
würden wusste niemand ernsthaft
zu sagen: die blutvorräte hand—
verlesen der lichtblick streng

limitiert. funktürme sendeten
blumenmotive briefschlitze
waren gefüllt mit absurdem
jungen rekruten juckten die narben

ECHOS

das dunkel kehrt sich ins fluide
aus mauern bröckeln suizide
einweghimmel wohin man auch
kotzt global und schmal wie nie

mummenschanz und nabelflucht
das feiste sich plusternde dorf
diese gegend bringt dich um
wenn deine trauer wahrhaftig ist

es ist die stunde der zensoren
gnadenlos wie desinfektion
hoher mut vor dünnem schiss
dementi folgt auf wadenbiss

DAS VOLK AM BUFFET es strahlt auf geheiß.
halb mondkalb halb laternenumzug: es ölt
der himmel anuszweige es leuchten
schlaraffen (aus heiterem steiß).

herr lass es feuchten. ein hoch aufs gebein!
uns trieft die gier aus kinn und kimme:
ein furz zur zierde vom fließband das
tier. (keiner soll mager ins tischtuch spein.)

GEFÖNTE MILCH

nimm von der ewigkeit: ein aromatisches stück.
vielleicht das gepuderte obst? vielleicht
den dressierten salat? auch gefönte
milch lass nicht außer acht.

jetzt billige das tapezierte
huhn. zeichne die lasierte gans.
preise selbst das schäumende
schwein.

umwirb nun das frisierte kalb. blondiere
dann wortreich: dein schlankes ziel.
wahre charmant die etikette.
verzichte. galant. auf den warnhinweis.

TIER AN TIER

fassungslos bunt glotzten die schirme
ein cocktail verlor sogar den verstand
wem die stunde in unzen schlug
der auch neue strände fand. man

hielt jetzt ausschau nach basaren
zwängte sich in schlanken trug
nach den herrlich fetten jahren
nach zinseszins und geisterflug.

wo eben tumbe yachten gähnten
reihte sich bald tier an tier
in chrom gehüllte dromedare
markierten prunkvoll das revier.

FALSCHE FLÜGEL

wir formen gern das schaurig schöne!
wozu gleich dna entschlüsseln?
sehn Sie nur hat man da töne?
wir löffeln botox hier: aus schüsseln!

wir wollen Ihren wunsch verstehen!
die kindheit bonbonlos? gierig der
mann? zellulitis zwischen den zehen?
schaun Sie das portfolio an!

aus paris die nasen ein mailänder kinn!
die brüste aus hiesigem windkanal.
Sie glauben Sie seien damit schon *in*?
wir hätten da noch ein weitres regal!

probieren Sie felle von tigerjungen!
Sie mögen doch lieber pythonhaut?
steht Ihnen dieses öhrchen nicht prächtig?
nun ja jenes äffchen war wenig erbaut!

wie angegossen meine schöne!
wo lag doch gleich der totenschein?
welcher narr schilt das obszöne?
grüßen Sie gott, frl. frankenstein!

TORSO

torso ohne mieder? auf ohne nieder? hass ohne
gewalt? tod ohne trauer? horror ohne schauer?
wangen ohne flaum? prothesen ohne beine? kirchen
ohne schreine? mauer ohne stein? rauch ohne zeichen?
schiene ohne weichen? gang ohne zaum?
haar ohne suppe? heer ohne truppe? tarzan ohne
jane? sturm ohne tosen? meer ohne matrosen?
kinder ohne traum? böse ohne wichte? zorn ohne
gerichte? bier ohne schaum? feld ohne spieler?
verführte ohne führer?   volk ohne raum?

DES SCHLEHENWEIBES BEERENHAAR
weht überm silberbach
von frostes zeptern still berührt
benetzet er es sacht

und flüstert sich durch sanfte
flur mit lieblichen kaldaunen
steinern ist der rehe spur
sakral des windes raunen

mit rabenhimmels schattenflug
verjüngt zur wolken zierde
bricht das versprochne reich
hervor als notdurft der begierde

wundschön rauscht halbnackt
die weide zu der elfen frostgesang
federleicht im schwarzen kleide
hängt die alte bleich am strang

VORERST NOVEMBER

ausschwitzt ziegelhaut den charme
leiser fluchten sinnt südliches
sehnen sich sommerfassaden
liegt brachschwarz erde vorm fenster

kreuz. die urbanen grüße: skaphander
skulpturen. höflich meiden wir hier
diagnosen. weitab von müllgier
lärmfern der maßlosen hast.

abwirft geäste trug grüne lasten
bleibt farbenschwer nur ein erinnern.
fruchtlos sei der wunsch nach besinnung.
schweigst es. uns in die frage stellend.

GEZEITEN UND BALLSPIEL
(fanales idyll)

I

rückzug des muschelsommers.
an nackten stränden
hockt mondänes getier
gespeist aus lithischen
schwären

II

einbruch der fruchtflut.
unter endlichen dünen
gelackte abszesse
ozon ornamente
atemballett

IN DEN ABSCHIEDEN BLUT

SEESTÜCK

als dem meer endlich fersen wuchsen müde
verließ es den strand. boote eben noch
stolz in den winden rissen die mäuler
auf schlugen sich wund.

wohin waren fische und muscheln gezogen
mit wem schloss die see nun den bund?
wer grub da tränen in den sand
mochte sich erinnern?

REISE. REISE
(für Janosch & Julian)

1

man bot der see nun hungrige boote
ließ dir gestirne und zehrung dich träumte
es längst in fremde wogen der horizont war dein

2

grün schwimmt himmel mit der brandung
legt dir die ferne zu füßen die winde besänftigt
die opfer erbracht den dank an das meer füge nun bei

ANDERE STRÄNDE
(momentaufnahme)

man munkelt den dichter der dies
einst schrieb könnten wir nicht
mehr befragen nun zeigst du

mit flüsternden fingern auf mich.
ich trüge das wort heut an andere
strände führe in schlichteren barken

aufs meer. wie einst tose die brandung
zwar zwischen den zeilen doch walle
ein lächeln den klippen entgegen.

TRAUTES HEIM. NACHSAISON

vergiss die sonne lieblink. früh genug wirst
du ihm blut sein! soll wer will den tag dann
bläuen. immerhin ein wenig farbkontrast
auf blassem terrain. der vorsicht halber

leck ihm sehr sorgsam die wundbrust.
wahre den anstand und blas ihm die
gier. nur dir gehört sein parabellum
lächeln. umspielt von virilem pathos.

vergiss den typ am zuckerkreuz!
der hat es lange hinter sich. zünd
schaumverliebt den lendenkranz:
als subversion in haut und haar.

S. AM MORGEN

dieser seltsame belag auf der zunge wollte ebenso wenig verschwinden wie der blutgeschmack aus den nachrichten. darauf immerhin war verlass dachte er bei sich und blätterte mit der nahrung zwischen den stumpf werdenden zähnen wie gewohnt zum lokalen teil der gazette.

obgleich er nicht so recht wusste wonach er an diesem regentrüben morgen suchte begann er in kontakt– oder (bei erfolglosigkeit) in todesanzeigen nach verschollenen geliebten zu fahnden. noch immer glaubte er sie im duft der bücher im klang der flakons gar zwischen den zeilen eines parfums ausfindig machen zu können.

er tastete nach ihnen in den aromen der radiostationen oder im achselschweiß diverser in verdacht geratener filmdiven. vom ende her betrachtet ähnelten seine affären einander mehr als ihm lieb war. bald   kam   ihm   kein   bissen   mehr   über   die   lippen.

EINE HAND VOLL BLÄTTER

ein wenig kannten sie sich
aus in der botanik —
säte man männertreu
blühte tränendes herz.

bloß blattwerk war
ihnen dann geblieben
inmitten des sommers
ein launischer herbst.

hieß es zuvor noch
jelängerjelieber
sang man nun leise
vergissmeinnicht.

DA WAREN AUGEN VOLL AROMEN
der vertraute code deiner haut
leere mienen blinde münder
ein meer von fragen angestaut

da waren die gerahmten träume
nahaufnahmen geronnene zeit
im siphon noch deine strähnen
hinter schläfen stures leid

da waren die unversendeten briefe
nicht entgegengenommene post
stumpfe klagen stumme laken
und am ende kaum mehr trost

DER ARCHIVAR

er trug ihre küsse auf samtenem tuch
durch den tag. mit sorgfalt entnahm er sie
den vitrinen. einmal pro stunde polierte er
diese so dass jene schmeckten wie neu.

sämtliche schätze auch weniger feines
wurden gleichsam pedantisch verwahrt.
sei es die faser eines kleides ein brüchiger
nagel gar ein indiskret gekräuseltes haar.

auch geschenke welche sie nicht mehr
anzunehmen gedachten wurden sorgsam
erfasst und geordnet: briefe pompösen
vokabulars verlobungsringe et cetera pp.

paarungsaromen u. ähnlich brisantes wurden
luftdicht verschlossen anderes eingelegt in
formalin: ihre scheu aus anfangstagen naive
verliebtheit umarmungen ein gemeinsames

beben bei nacht. sehnsüchte sequenzen
aus träumen süffisant herbeiphantasiertes
fand sich hier ebenso wie ihre knietiefen
noch heute sein mark perforierenden blicke.

bis zur stuckdecke ließ es die sammlung schwellen!
so vollends mit ansicht und pflege befasst verlor er
allmählich ein gefühl für die zeit. in wessen museen
würde er überdauern die poren durchtränkt von aldehyd?

EIN ABSCHIED, ARIADNE
EIN BEDAUERN, CECILE!

die tage *Ariadne* warteten nicht
fahl wie die monate war unser
fleisch eingeübte stoßgebete
mochten wir nicht mehr versenden

träume die unseren kosmos begrünten
begannen wie klangholz zu dörren
postwürfe wurden dezent ignoriert

da half *Cecilia* kein besuch in kostümen
die frohe botschaft war fehl am platz
dem schild an der tür blich bereits der name
eine regung verdarb hier nur den moment

DIE TÖCHTER DES IKARUS

(oder: die tyrannen ruhen nicht)

was *Anne* entfachte dir flammen
ließ aufruhr lodern hinterm dekolleté?
wird wer es wagt das kronhaupt zu narren
nicht gar den scheiten zugeteilt?

dein hals *Katharyn* ist gemacht für
geschmeide nicht für klinge und beil.
was trieb in drei teufels namen
euch in die arme des zorns?

dem zeitgeist die stirn zu schenken
sagt war es das wert? was bruder
Heinrich ließ euch erstarren? das vieh
auf augenhöhe? sein aufrechter gang?

BLUT UND HONIG

unser sauberes lachen (die fratze des amusements)
weiß um geronnene pfade asphalte. die spur ahnt
gelage der heilen welt.

jetzt lasst uns die drinks den trinkspruch
wählen als seis unsre rettung!
jetzt das lächeln der maria fletschen –
teilnahmsvoll seifig (für das sofortbild).

unsere seelen garen
mutmaßlich auf dem partygrill.
wie sind wir doch appetitlich!

jetzt lasst uns das lied
vom tode spielen (es ist so belebend).
jetzt schürt begierlich die glut –
wendet das wahnfleisch!

hungerbäuche. im augenblick der letzte schrei
(als accessoire im schlussverkauf). welch ein preis!
der mit dem bienenhut ging. unbemerkt.

PASTOS
(ein wunschbild)

es herrschte eine merkwürdige stille
als sie mir den leib auftrieben.
mir fiel es nicht sonderlich auf:
kleinmut war verteilt wie gewohnt
die verräter blieben dieselben.

der duft getrockneten grases drang ein
in das zimmer und wahrlich sie stopften
mich aus! welches ende erhofften Sie?
fragte mich einer das messer schärfend
für spätre gelüste. wussten sie was

sie tun? mein röcheln entführte die stille.
die gedichte logen nicht doch sie hatten
mich in der hand. der erste nachruf
machte die runde als sie mich
zum blechsarg trugen.

UND DOCH RUFST DU

ein sterbender mond kroch
in deine augen: so müde
schwiegen die feuer.

unterm steinkleid wuchert
nun stille: lag deiner
stimme an fersengeld?

und doch rufst du wortlos
mit brüchiger miene: nach
unerschrockenen sternen.

AM RINNSTEIN DER ZEIT

die schnittige limousine des zufalls näherte sich
in gewünschter farbe und maserung. das fabrikat
schmeichelte dem seriösen geschmack. ihr tempo
war seinen bedürfnissen präzise angepasst.

alles an ihm war penibel gereinigt. dies glaubte er
sich und dem fahrzeug zu schulden. er musterte
die krawatte. rückte den anzug in position –
man musste auf eine chance vertrauen!

sein geduldiges lächeln mochte dies nicht
kommentieren. es wuchs zu üppiger freude heran.
die ampelwarnung erstmals missachtend betrat er nun
seligen schrittes die fahrbahn. ein letztes taktvolles mal.

AUSFLUG MIT PRÄPARATEN

ertaste die stunde
 flieg oder flieh
  barmherze behende
   die agonie

schwebe verwebe
 mit den kentauren
  maskulin
   im freien fall

PARADIES

der prokopfverbrauch an desinformation
überstieg bereits das übliche maß
das epizentrum so wurde gemunkelt
sei allenfalls synthetisch erzeugt

die tarnfarben blich man in sorgsamen
laugen man verließ diesen ort besser
mit geschälter stirn ein räuspern
empfahl sich in homöopathischen dosen

ANMERKUNGEN

DAS LIPPENSCHIFF
Jan Garbarek (Jg. 1947): norwegischer Jazzmusiker und Komponist.

Lippenschiff ist eine Wortschöpfung der Lyrikerin Kathrin Schmidt aus deren Text „Märzen-Becher". Dieser erschien 1987 im Gedichtband „Ein Engel fliegt durch die Tapetenfabrik" (Verlag Neues Leben Berlin).
Bis ins Jahr 2o17 fungierte der Begriff in dem 1993 verfassten Gedicht nicht nur als Titel sondern auch als latentes (vom Autor über Jahre unbemerktes) Zitat. Dies darf nun gleichsam als Respektbezeugung verstanden werden.

DIE OBSKURE GEFÄHRDUNG DES KLANGS
„Für das Beste im Mann" lautete bereits zum Zeitpunkt der Entstehung dieses Textes in den frühen neunziger Jahren des vergangenen Jahrhunderts der nachgerade absurde Werbespruch eines Rasierklingenherstellers.

OKULARE SPIEGEL
Gregory Bateson (19o4–198o): britischer Evolutionstheoretiker und Autor zahlreicher Publikationen („Die Ökologie des Geistes").

NUR LIMONEN, CANDIDA
Hans Magnus Enzensberger (1929–2o22): deutscher Dichter, Schriftsteller, Übersetzer, Herausgeber und Redakteur. Für die Überschrift des Textes stand eine Zeile aus dessen Gedicht „Candide" (überdauert von… deinen Aprikosen, Candide) Pate.

DIE ZÄHMUNG DES LICHTS
Das Konzept der Lichtzähmung taucht auch in dem Gedichtband „Nachklang des Feuers" von Thomas Böhme auf. (In dessen Text „In den Anfängen des Gedichts" begegnen uns beispielsweise *Dompteure des Lichts*.)

Thomas Böhme (geb. 1955) ist ein deutscher Lyriker, Erzähler, Essayist, Romanautor und Übersetzer. Er ist darüber hinaus auch als Herausgeber und Fotograf tätig. Böhme lebt und arbeitet in Leipzig.

AUF SCHMALEN DÜNEN
Werner Karma, bürgerlich René Volkmann (Jg. 1952): deutscher Lyriker und Textdichter. Einem größeren Publikum wurde er bekannt durch seine Arbeiten im Rock-, Pop-, Chanson- und Liedermacherbereich.

Das Zitat stammt aus dessen Text „Kontra" (erschienen auf der LP „Unter der Haut" der Band City (VEB Deutsche Schallplatten Berlin, DDR 1983).

DIE ZÄUNE DER HÄUSER
Walter Köster, Prof. Dr. med. (geb. 1951): Inhaber des ersten europäischen Lehrstuhls für Homöopathie. Köster unternahm in seiner Schrift „Die Logik der Ganzheit" den Versuch, die Wirksamkeit homöopathischer Medizin auf Grundlage quantentheoretischer Überlegungen wissenschaftlich nachzuweisen.

ROUSSEAUS HIRN
Jean-Jacques Rousseau (1712-1778): Schriftsteller, Philosoph, Pädagoge und Komponist in der Zeit der Aufklärung.

Ekkehard von Braunmühl (1940-2021): Psychologe, Kinderrechtler und Sachbuchautor („Anti-Pädagogik. Studien zur Abschaffung der Erziehung"). Dieses Gedicht erfuhr eine Anregung durch die Lektüre seiner im Beltz-Verlag erschienenen Streitschrift „Zur Vernunft kommen".

ZENIT
Am Tag der Datumsangabe fand das Endspiel der Fußball-WM in Rio de Janeiro statt. Die deutsche Nationalmannschaft der Männer konnte dieses Spiel gegen Argentinien für sich entscheiden und schloss das Turnier mit seinem vierten Weltmeistertitel ab.

DIE LUST DER GAZETTEN
Unter anderem wird hier auf das sogenannte Sanctum Praeputium angespielt, die heilige Vorhaut, bei welcher es sich nach Überlieferungen um die Vorhaut des Jesus von Nazaret handeln soll. Sie gilt noch immer als christliche Reliquie. Gleich mehrere Kirchenstandorte nahmen im Mittelalter für sich in Anspruch, im Besitz des Originals zu sein.

AUF HÖLZERNEN WEGEN
Das verwendete Zitat aus dem Gedicht „Die Karawane zieht wei-

ter" wurde dem Band „Nachklang des Feuers" (Druckhaus Galrev, Berlin 2oo5) entnommen.

BURGENLAND
Ruediger Dahlke, Dr. med. (Jg. 1951): Ganzheitlicher Mediziner, einer breiteren Leserschaft bekannt geworden durch Werke wie „Krankheit als Weg" und „Krankheit als Symbol". Seine Bücher wurden bisher in 28 Sprachen übersetzt.

EIN ABSCHIED, ARIADNE...
Nach der griechischen Sagengestalt Ariadne, Tochter des Minos. In bestimmten Religionen galt Ariadne auch als Fruchtbarkeitsgöttin. Cecilia verweist auf Cäcilia von Rom. Sie ist zum einen Patronin der Kirchenmusik, wird allerdings ebenso als Schutzheilige der Instrumentenbauer und Musikanten angesehen.

DIE TÖCHTER DES IKARUS
Bruder Heinrich steht für Heinrich VIII., englischer König von 15o9-1547. Dieser ließ sowohl seine zweite Ehefrau, Anne Boleyn, als auch Catharine Howard, dessen fünfte Gattin (im Text *Anne* und *Katharyn* genannt), wegen Ehebruchs, und somit Hochverrats, enthaupten.

BIBLIOGRAFISCHE ERGÄNZUNG
Entstehungszeitraum der Texte: WOCHENENDE IN LEIPZIG (1988); AM HERD DIE HERDEN, PASSAGE (1989); BLUT UND HONIG, PASTOS, GERÜCKTER SPIEGEL, DIE MUHSI SPUILT (199o); VORERST NOVEMBER (1991); OKULARE SPIEGEL, STILLLEBEN MIT DOSE, GEZEITEN UND BALLSPIEL, BIERMÜDER IMBISSMORGEN, DIE OBSKURE GEFÄHRDUNG DES KLANGS, DAS FLÜGELMAL, DROHENDE BLEICHE, DES SCHLEHENWEIBES BEERENHAAR (1992); DAS LIPPENSCHIFF, ROUSSEAUS HIRN (1993); NUR LIMONEN CANDIDA, KREUZ FAHRT. PLASMA FLUCHT (1994); SCHWEIGEHAUT. UFERSCHEU, TRAUTES HEIM. NACHSAISON (1995); ATEMÜBUNG. NAHDISTANZ, TEXT. ANWEISUNG (1996); GEFÖNTE MILCH, SCHMINKE. PARADEN (2oo2). Alle übrigen Gedichte entstanden in den Jahren 2o13/2o14.

Mitunter erfuhren bereits zuvor veröffentlichte Texte für diesen Band eine Überarbeitung. Orthographisch wurden die Gedichte weitestgehend an die nunmehr gängige Schreibweise angepasst. Die Interpunktion folgt in erster Linie literarischen Intentionen.

INHALT

AM SCHORF DER GÄRTEN

INNERER SAND

AUF HÖLZERNEN WEGEN

DER STUNDE ANTHRAZIT

SKAPHANDER SKULPTUREN

IN DEN ABSCHIEDEN BLUT

ANMERKUNGEN

Torsten Anspach wurde 1965 in Merseburg an der Saale geboren. Frühe Veröffentlichungen in Zeitungen, Zeitschriften und Anthologien. Er lebt heute in Rostock.

DEKERN (bürgerlich Thomas Kern), geboren 1970 in Radeberg, lebt und arbeitet als bildender Künstler in ländlicher Umgebung nahe Bautzen. Zahlreiche Einzel- und Gruppenausstellungen im In- und Ausland.

Autorenfotos. privat (2009); Matthias Bulang (2007)